Khalil Gibran

In meiner Seele wohnt ein Lied

KHALIL GIBRAN

In meiner Seele wohnt ein Lied

Ausgewählt, übersetzt und eingeleitet von Ursula Assaf-Nowak

Patmos Verlag

VERLAGSGRUPPE PATMOS

PATMOS
ESCHBACH
GRÜNEWALD
THORBECKE
SCHWABEN
VER SACRUM

Die Verlagsgruppe
mit Sinn für das Leben

MIX
Papier aus verantwortungsvollen Quellen
FSC® C014138
FSC
www.fsc.org

Klimaneutral
Druckprodukt
ClimatePartner.com/14549-2003-1001

Die Verlagsgruppe Patmos ist sich Ihrer Verantwortung gegenüber unserer Umwelt bewusst. Wir folgen dem Prinzip der Nachhaltigkeit und streben den Einklang von wirtschaftlicher Entwicklung, sozialer Sicherheit und Erhaltung unserer natürlichen Lebensgrundlagen an. Näheres zur Nachhaltigkeits-Strategie der Verlagsgruppe Patmos auf unserer Website www.verlagsgruppe-patmos.de/nachhaltig-gut-leben

Verlagsgruppe Patmos in der Schwabenverlag AG, Ostfildern
www.verlagsgruppe-patmos.de

Umschlaggestaltung: Finken & Bumiller, Stuttgart
Umschlagabbildung: the-new-york-public-library / unsplash
Gestaltung, Satz und Repro: Schwabenverlag AG, Ostfildern
Druck: Finidr s.r.o., Český Těšín
Hergestellt in Tschechien
ISBN 978-3-8436-1463-4

INHALTSVERZEICHNIS

EINLEITUNG

Der libanesische Dichter und Maler Khalil Gibran hat in seinem weltbekannten Buch „Der Prophet" die Freundschaft, Liebe, Ehe sowie Freud und Leid in viel zitierten Versen besungen. Seltener und weniger bekannt sind seine Texte zum Lob der Einsamkeit, die in dieser Auswahl zusammengestellt sind und uns eine andere Seite des libanesischen Dichters zeigen.

Seine Protagonisten der Einsamkeit in dieser Sammlung sind der Dichter, der Narr und vor allem der Einsiedler: Der DICHTER steht im Orient unter hohem Anspruch, als Verbindung zwischen dieser und jener Welt. Mikhail Nuaimeh, Gibrans Dichterfreund, bezeichnet ihn als Propheten, der eine himmlische Botschaft zu verkünden hat. Er sucht die Einsamkeit und Zurückgezogenheit zu seiner Inspiration. In der Stille der Nacht wacht er und wartet auf eine Eingebung des Geistes. Er weist uns den Weg ins verborgene Land, das man nicht mit Fahrzeugen erreicht. Die Menschen beachten ihn nicht, solange er lebt.

Gibran lässt seinen Dichter sagen: „Ich bin ein Fremder in dieser Welt, und dieses Fremdsein verursacht schmerzliche Einsamkeit und Isolation, zugleich bewirkt es, dass ich unaufhörlich an ein zauberhaftes Land denke, das ich nicht kenne."

Dem NARR widmet Gibran ein ganzes Buch, in dem es heißt: „Nur ein Narr und ein Genie brechen die von Menschen gemachten Gesetze. Sie sind dem Herzen Gottes am liebsten." Es ist sein erstes Werk, das er in englischer Sprache schreibt, nachdem er nun 23 Jahre in Amerika lebte. Mit dem Wechsel der Sprache geht auch ein Wechsel der Inhalte einher. Hatte er sich in seinen bisherigen arabischsprachigen Texten an seine Landsleute gewandt und sie zur Rebellion gegen jede Form von Tyrannei und Unterdrückung aufgerufen, so wendet er sich nun an eine universale Leserschaft, der er die Schatztruhen östlicher Weisheit und Spiritualität öffnen will. In diesem Buch finden sich erstmals Texte zum Thema Einsamkeit. Das folgende Buch sollte ursprünglich sogar den Titel „Einsamkeit" tragen, doch im Hinblick auf den Propheten nannte er es schließlich „der Vorbote".

Gibran lässt seinen Narren sagen: „Diejenigen, die uns verstehen, versklaven etwas in uns." Er ruft uns auf, uns aus allen oberflächlichen Bindungen zu befreien, auf der Suche nach dem inneren Kern, der Seele, oder dem ‚größeren Ich', eine Entlehnung von Nietzsches Übermenschen. In dieser Zeit hatte seine amerikanische Freundin ihm Nietzsches Buch „Also sprach Zarathustra" geschenkt, das sie gemeinsam lasen. Der orientalische Dichter versteht unter dem Übermenschen aber nicht den Menschen, der von Willen, Macht und Tat geprägt ist, sondern den transzendierenden Menschen, der sein im Himmel geschriebenes Ich verwirklicht.

Der Protagonist par excellence für die Einsamkeit ist der EINSIEDLER oder EREMIT. Obwohl Gibran nur ein Drittel seiner Lebenszeit in seiner Heimat verbrachte, blieb der Libanon zeitlebens die Quelle seiner Inspiration. Fast all seine Bilder sind geprägt von der libanesischen Landschaft, die Mehrzahl seiner Texte spielt im Libanon. Was den Einsiedler betrifft, so wird er von den Wüstenvätern der syrischen Wüste inspiriert worden sein (in dieser Zeit war der Libanon ein Teil Syriens). Die Mönche des Altertums zogen sich aus der Welt in Grotten und Eremitagen zurück und versuchten durch Askese und

Buße Gott wohlgefällig zu sein. Der Eremit Simon der Stylit oder der Säulenheilige, „das große Wunder des Erdkreises" genannt, ging sogar so weit, es jahrelang bis zu seinem Tod auf der Plattform einer Säule ausgehalten zu haben.

Während diese Einsiedler der Geschichte auf alle Freuden des Lebens verzichteten, sind die Eremiten bei Gibran den schönen Dingen des Lebens durchaus zugetan wie sein Protagonist Yussuf Fachry. Er hat sich von der Welt und den Menschen in eine Grotte im Nordlibanon zurückgezogen, um alleine zu leben, ohne dabei auf einen gewissen Komfort zu verzichten. Dem Besucher, dem er in einer stürmischen Nacht zögerlich Zuflucht gewährt, wundert sich über die ihm angebotenen Schätze wie Wein, Kaffee und Zigaretten. Am Holzofen kredenzt der Einsiedler seinem Gast ein Abendessen aus Brot, Käse, Oliven, Honig und getrockneten Früchten. Mir scheint, dass Gibran uns in der Person des Yussuf Fachry ein Selbstbildnis beschert. Auch er nennt sein Atelier seine ‚Einsiedelei'. Aus seiner Korrespondenz wissen wir, dass er Freunde und Besucher ebenso gastfreundlich empfängt mit orientalischem Kaffee, den er aus Hijaz (einer Gebirgslandschaft im westlichen Saudi-Arabien) bestellt, mit Wein, Arak und türkischen

Zigaretten. Wie Yussuf Fachry liebt Gibran den Sturm, der ihn beflügelt und inspiriert.
Auf die Frage des Besuchers, warum er sich von den Menschen und der Welt abkehre, antwortet er „Alles ist eitel in der Welt, doch in dieser Einsamkeit und Zurückgezogenheit finde ich etwas, das es wert ist, begehrt zu werden. Es ist ein Erwachen in den tiefsten Tiefen der Seele. Es ist ein Gefühl der Sympathie und Zuneigung, das das ganze Herz erfüllt."
Obwohl Gibran die stillen, schöpferischen Stunden in seiner Eremitage liebte, war er keinesfalls ein Misanthrop. Er hatte viele Freunde und eine reiche Korrespondenz. Mary Haskell berichtete von einer seiner Lesungen aus „der Narr", bei der sie ihn genau beobachtete und festhielt: „Ich stellte fest, dass er aus allen Poren Menschlichkeit und Empathie ausstrahlte. Vom Scheitel bis zur Sohle war er von äußerster Empfindsamkeit. Ich verstehe jetzt, warum er einmal sagte, er brauche drei Stunden, um wieder zu sich zu kommen, wenn er eine Stunde lang unter Menschen war. Diese Kraft der menschlichen Zuwendung war sicher auch den einsamen, stillen Stunden in seiner Einsiedelei geschuldet. Hat er nicht auch geschrieben: Wer nicht der Freund seiner Seele ist, ist ein Feind der Menschen?"

1. KAPITEL
ALLEIN? WAS SOLL DAS HEIßEN?

Darum trink deinen Becher allein und schweigend!

Eines Abends erhob sich ein heftiger Sturm. Al-Mustafa und seine Schüler gingen ins Haus hinein und setzten sich schweigend um das Feuer.

Nach einer Weile sagte einer der Schüler: Ich bin allein, Meister, und die Schläge der Stunden klopfen unbarmherzig gegen meine Brust.

Al-Mustafa erhob sich, trat in ihre Mitte und sprach mit einer Stimme, die einem starken Wind glich: Allein, sagst du? Was soll das heißen? Du kamst alleine in diese Welt, und du wirst alleine sein, wenn der Nebel dich wieder aufnimmt.

Darum trink deinen Becher allein und schweigend! Die Herbsttage haben anderen Lippen andere Becher gegeben und sie mit bitterem und süßem Wein gefüllt, so wie sie deinen Becher füllten.

Trink deinen Becher allein – auch wenn er den Geschmack deines Blutes und deiner Tränen hat, und preise das Leben für die Gabe des Durstes! Denn ohne Durst ist dein Herz nichts anderes als das Ufer einer unfruchtbaren See – ohne Gezeiten und ohne Gesang.

Trink deinen Becher allein, und trink ihn fröhlich! Hebe ihn hoch über deinen Kopf, dann trinke ihn bis zur Neige auf das Wohl all derer, die ebenfalls alleine trinken.

Früher suchte ich die Gesellschaft der Menschen; ich setzte mich an ihre Festtafel und trank mit ihnen. Doch ihr Wein stieg mir weder zu Kopf noch drang er in mein Herz, er sickerte nur in meine Füße. Meine Weisheit blieb verdorrt und mein Herz verschlossen. Nur meine Füße waren bei ihnen in ihrem Dunst. Da hörte ich auf, die Gesellschaft der Menschen zu suchen; und ich trank keinen Wein mehr an ihren Festtafeln.

Darum lass dir sagen: Wenn auch die Schläge der Stunden heftig gegen deine Brust klopfen, was kümmert es dich? Es ist gut für dich, den Becher des Kummers allein zu trinken ebenso wie den Becher der Freude.

DIE RÜCKKEHR DES PROPHETEN, S. 1247 f

2. KAPITEL
DIE EINSAMKEIT UND DIE ZURÜCKGEZOGENHEIT

Das Leben ist eine Insel

Das Leben ist eine Insel in einem Meer der Einsamkeit und Zurückgezogenheit.

Das Leben ist eine Insel, deren Felsen die Wünsche und deren Bäume die Träume sind, deren Blumen die Verlassenheit und deren Quellen der Durst ist. Sie liegt inmitten eines Meeres der Einsamkeit und Zurückgezogenheit.

Dein Leben, Bruder, ist eine Insel, die von allen anderen Inseln und Territorien abgetrennt ist. Obgleich du Schiffe und Barken an andere Ufer aussendest, und obwohl Flotten und Geschwader deine Ufer erreichen, bist du dennoch eine abgetrennte Insel, allein durch dein Leid, abgesondert durch deine Freude, abgelegen durch deine Sehnsucht und unbekannt durch deine Geheimnisse und Rätsel.

Ich sah dich, Bruder, auf einem Berg Gold sitzen, glücklich über deinen Reichtum, und du übertrafst den Gesang des Dichters mit dem Vergleich, dass jedes Stäubchen Gold einen Faden darstellt, der das Denken der Menschen mit deinem Denken verbindet und ihre Neigungen mit den deinen verknüpft.

Ich sah dich als Eroberer Truppen von Soldaten gegen eine unzugängliche Festung führen, die du zerstörtest und einnahmst.

Doch als ich ein zweites Mal hinsah, entdeckte ich hinter der Mauer deiner Schätze ein Herz, das in seiner Einsamkeit und Zurückgezogenheit zitterte, wie ein Verdurstender zittert, der in seinem selbstgemachten Käfig aus Gold und Perlen sitzt, aber kein Wasser hat.

Ich sah dich, Bruder, auf dem Thron der Ehre sitzen, umgeben von Menschen, die deinen Namen rühmten, deine guten Taten priesen und auf dich blickten, als seien sie in der Gegenwart eines Propheten, der ihre Seelen und Geister erhebt, bis sie mit ihm die Planeten und Sterne umkreisen. Du sahst sie an, und dein Gesicht spiegelte die Glückseligkeit und Überwältigung der Macht, und es hatte den Anschein, als ob du für sie wärest, was die Seele für den Körper ist.

Doch als ich ein zweites Mal hinschaute, sah ich dein einsames „Ich" neben deinem Thron stehen, und es litt an seiner Entfremdung und erstickte an seiner Einsamkeit. Ich sah es seine Hände nach allen Seiten ausstrecken, als ob sie um Mitleid bäten und ein Almosen von unsichtbaren Geistern erbettelten; dann sah ich es über die Köpfe der Menschen hinweg zu einem entfernten Ort blicken, einem Ort, der völlig leer ist und an dem sich nichts befindet, außer seiner Einsamkeit.

Ich sah dich, Bruder, verliebt in eine schöne Frau, wie du dein schmelzendes Herz auf den Scheitel ihres Haares vergossest und ihre Handflächen mit Küssen bedecktest. Sie schaute dich verliebt an, ihre Blicke voller Zärtlichkeit, und auf ihren Lippen lag die Süße der Mütterlichkeit. Da sagte ich mir: Die Liebe hat die Einsamkeit dieses Mannes aufgehoben und sein Alleinsein beendet; er ist zurückgekehrt zum universellen Geist, der durch die Liebe anzieht, was sich von ihm gelöst hat, in die Leere und ins Vergessen.

Doch ich sah dich ein zweites Mal, und ich entdeckte in den Falten deines verliebten Herzens ein einsames Herz, das vergeblich versucht, auf den Kopf einer Frau zu verströmen, was darin verborgen ist; und ich erblickte hinter deiner liebenden Seele eine andere einsame Seele, die dem Nebel glich, der vergeblich versuchte, zu Tränen in den Händen seiner Begleiterin zu werden.

Dein Leben, Bruder, ist ein einsames Haus, wie entfernt von allen Häusern und von allen Lebenden. Und dein inneres Leben ist ein Haus, das abseits liegt von den äußeren Erscheinungen, denen die Menschen deinen Namen verleihen. Wenn dein Haus dunkel ist, kannst du es nicht mit den Lampen deines Nachbarn erhellen;

wenn es in einer Wüste steht, kannst du es nicht in einen blühenden Garten versetzen, den ein anderer angelegt hat; wenn es auf dem Gipfel eines Berges steht, kannst du es nicht in ein Tal versetzen, das andere geebnet haben.
Dein geistiges Leben, Bruder, ist von Einsamkeit und Zurückgezogenheit geprägt, und ohne sie wärst du nicht, was du bist, und wäre ich nicht, was ich bin. Ohne diese Einsamkeit und Zurückgezogenheit hätte ich beim Klang deiner Stimme geglaubt, dass ich spreche; und beim Anblick deines Gesichtes hätte ich geglaubt, mich in einem Spiegel zu sehen.

ERDE UND SEELE, S. 827 ff

3. KAPITEL

MEINE SEELE IST ZUFRIEDEN

Mein Kritiker

Überlass mich meiner Einsamkeit, mein Kritiker!
Ich beschwöre dich im Namen der Liebe;
die dir die Schönheit der Geliebten eingibt,
im Namen der Liebe, die dein Herz in Einklang
bringt
mit der Zärtlichkeit einer Mutter
und dem Gefühl eines Sohnes;
ich beschwöre dich, lass mich allein!
Überlass mich meiner Einsamkeit
und meinen Träumen,
und gedulde dich bis morgen;
das Morgen wird mich richten, wie es will.
Mein Herz ist klein,
ich will es aus der Dunkelheit
meiner Brust befreien
und auf meiner Handfläche tragen,
ich will seine Tiefen ergründen
und seine Geheimnisse erkunden.
Lauere ihm nicht auf mit den Pfeilen deiner
Lehren,
jage ihm keine Angst ein und nötige es nicht,
sich im Käfig seiner Brust zu verbergen,
bevor es das Blut seiner Geheimnisse vergoss
und den Willen der Götter tat,
den sie ihm einprägten, als sie es schufen
aus Schönheit und Liebe.

Lass mich allein, mein Kritiker,
höre auf zu predigen.
Das Unglück öffnete mir die Augen,
meine Tränen reinigten sie,
und die Trauer lehrte mich
die Sprache der Herzen.
Höre auf, mich zu warnen,
denn mein Gewissen ist mein Richter,
es richtet mich gerecht,
bewahrt mich vor Bestrafung,
wenn ich unschuldig bin,
und entzieht mir seine Gunst,
wenn ich schuldig wurde.
Erspare mir Geschichten des Reichtums
und Erzählungen über die Ehre:
meine Seele ist zufrieden
und sucht nur die Ehre der Götter.
Erspare mir Berichte über Politik
und Beschreibungen der Mächtigen,
denn die ganze Welt ist meine Heimat
und alle Menschen sind meine Landsleute.

EINE TRÄNE UND EIN LÄCHELN, S. 365 ff

4. KAPITEL
SEHNSUCHT NACH RUHE UND FRIEDEN

Was das Glück betrifft, so stellt es sich ein, wenn der Mensch seine Seele mit dem Wein des Lebens füllt

Was soll ich von meinem Geisteszustand sagen? Vor ein oder zwei Jahren noch war mein Leben nicht leer an Ruhe und Frieden; doch heute hat sich die Ruhe in Lärm verwandelt und der Friede in Kampf. Die Menschen verschlingen meine Tage und meine Nächte und überfluten meine Träume mit ihren Wünschen und Ambitionen. Viele Male floh ich aus dieser verwirrenden Stadt an einen fernen Ort, um mich von den Menschen zu befreien. Doch das mächtige amerikanische Volk ermüdet nicht und rastet nicht, es schläft nicht und träumt nicht; wenn dieses Volk jemanden hasst, so tötet es ihn durch Unaufmerksamkeit; und wenn es jemanden liebt, so tötet es ihn durch Sympathie. Wer in New York überleben will, der muss ein scharfes Schwert sein in einer Scheide aus Honig; ein Schwert, um diejenigen zu erschrecken, welche die Zeit töten wollen, und Honig, um die Hungrigen zufriedenzustellen.
Ein Tag wird kommen, an dem ich in den Orient fliehen werde. Die Sehnsucht nach meiner Heimat verzehrt mich fast.

Brief an seine Freundin May Ziadeh, Briefe, S. 197 f

Ich selbst fand Trost in jenem transparenten Element, vor dem alle Entfernungen, Grenzen und Hindernisse schwinden. Die einsame Seele beruhigt sich in diesem Element, und sie braucht niemanden um Hilfe zu rufen. Sie wissen, dass das transparente Element in uns sich von unseren Handlungen abwendet, ebenso wie es sich von unserer noch so schönen Rhetorik und unseren edelsten künstlerischen Ambitionen entfernt; und wenn dieses Element auch vertraut ist mit dem Poetischen in uns, so dichtet es selber keine Hymnen, und es drückt seine Geheimnisse weder in Buchstaben und Linien noch in Farben aus. Jeder Mensch kann sich bezüglich seiner Absichten und Ziele verstellen, er kann mit seinem Ehrgeiz spielen und mit seinem Denken handeln, aber es gibt kein menschliches Wesen, das sich in seiner Einsamkeit verstellt ... Unter den Menschen gibt es niemanden, der die Bilder seiner Träume verändern oder die Geheimnisse seiner Seele von einem Ort zum anderen verpflanzen könnte ... Kann das entlehnte Wesen in uns, das von der Erde ist, das in uns vom Himmel angelegte Wesen verändern oder modifizieren? Diese blaue Flamme leuchtet unauslöschlich in uns. Sie verändert, ohne selbst verändert zu werden, und sie befiehlt, ohne sich befehlen zu lassen … Warum glauben Sie nicht an all das, was das Schicksal in ihre Hände legt? Und warum wenden Sie Ihren Blick nicht ab vom schönen Schein und hin zur inneren Wahrheit?

BRIEF AN SEINE FREUNDIN MAY ZIADEH, Briefe, S. 204 f

5. KAPITEL
JENSEITS MEINER EINSAMKEIT

Schmach

Schmach, o Schmach, meine Einsamkeit und Stille;
Du bist mir liebr als tausend Siege
Und meinem Herzen süßer als aller Ruhm dieser Welt.
Schmach, o Schmach, mein Spiegel und mein Trutz,
Durch dich weiß ich, dass ich noch jung und gut zu Fuß bin
Und trockenem Lorbeer nicht verfallen darf.
In dir fand ich Ruhe und bin es froh,
Wenn man mich meidet und verachtet.
Schmach, o Schmach, mein glänzend Schwert und Schild,
In deinen Augen las ich,
Dass Herrschertum Sklaventum ist,
Dass Verständnis Gleichmacherei ist,
Dass Anteilnahme nicht ins Volle trifft,
Das wie die reife Frucht fällt und verzehrt wird.
Schmach, o Schmach, mein kühner Gefährte,
Du sollst meine Lieder, meine Schreie und mein Schweigen hören.
Nur du sollst mir von Flügelrauschen
Und von Meeresbrausen erzählen,
Und von Bergen, die nachts brennen,

Nur du sollst meine steile, felsige Seele erklimmen.
Schmach, o Schmach, unsterbliches Herz,
Wir werden mit den Stürmen lachen
Und die Toten in uns begraben.
Einig werden wir in der Sonne stehen.

DER NARR, S. 517

Jenseits meiner Einsamkeit

Jenseits meiner Einsamkeit liegt eine andere Einsamkeit, und wer sie bewohnt, dem erscheint meine Einsamkeit wie ein bevölkerter Marktplatz und mein Schweigen wie lautes Stimmengewirr.

Zu jung bin ich und zu ruhelos, um nach der Einsamkeit jenseits meiner Einsamkeit zu suchen. Die Stimmen des Tales drüben halten meine Ohren in Bann, und seine Schatten versperren meinen Weg dorthin.

Hinter diesen Hügeln liegt ein friedlicher Hain. Wer ihn bewohnt, dem erscheint mein Friede wie ein Wirbelwind und mein Glück wie eine Illusion. Zu jung bin ich und zu ausgelassen, um nach diesem friedlichen Hain zu streben. Der Geschmack von Blut haftet noch an meinen Lippen, Pfeil und Bogen meiner Väter sind noch in meinen Händen, und ich kann nicht dorthin aufbrechen.

Hinter diesem Ich, das von schweren Lasten niedergedrückt ist, liegt mein freieres Ich; ihm erscheinen meine Träume wie Kampfhandlungen, die in der Dämmerung ausgetragen werden, und meine Wünsche wie das Geklapper eines Skeletts. Zu jung bin ich und zu maßlos, um mein freieres Ich zu sein.

Und wie könnte ich auch mein freieres Ich werden, ohne mein beladenes Ich zu beseitigen und ohne dass alle Menschen befreit werden?

Wie sollen meine Blätter fliegen und mit dem Wind singen, ohne dass meine Wurzeln im Dunkel verdorren?

Und wie soll sich der Adler in mir zur Sonne erheben, solange meine Jungen nicht das Nest verlassen haben, das ich mit meinem Schnabel für sie baute?

DER VORBOTE, S. 733

Das Ursprüngliche in uns ist Schweigsamkeit;
Das Erworbene ist Beredsamkeit.

SAND UND SCHAUM, S. 944

Wenn auch ein Wortschwall für immer
auf uns lastet;
so ist doch unsere Tiefe ewig schweigsam.

SAND UND SCHAUM, S. 945

Wer die Tage seines Lebens nicht auf der Bühne der Träume verbringt, wird ein Sklave der Zeit sein.

EINE TRÄNE UND EIN LÄCHELN, S. 364

Das Schweigen ist schmerzlich, aber in der Stille nehmen die Dinge Form an und wir brauchen nur zu warten und zu beobachten. In uns, in unseren geheimen Tiefen liegt das wissende Element, das sieht und hört, was wir weder sehen noch hören. All unsere Wahrnehmungen, alles, was wir gestern taten, und was wir heute sind, wohnte einst in diesen wissenden, schweigenden Tiefen, in diesem Schatzzimmer unserer Seele. Wir sind mehr, als wir denken, und das, was mehr ist, als wir denken und wissen, ist ständig auf der Suche nach mehr Sein, während wir nichts tun, oder vielmehr denken, dass wir nichts tun. In dem Maße, in dem uns bewusst wird, was in unseren Tiefen vorgeht, sind wir diesem Prozess von Nutzen. Wenn das Unterbewusstsein zum Bewusstsein gelangt, so werden die winterlichen Saaten in uns zu Blumen werden und das stille Leben in uns wird aus voller Brust singen.

Dieses Leben offenbart bereits viel von dem, was wir nicht wissen – doch es ist das Leben nach dem Tod, das uns alles offenbaren wird.

BRIEF AN MARY HASKELL , Briefe , S . 141

Je älter ich werde, Mary, umso mehr prägt sich der Eremit in mir aus. Das Leben ist eine Vision voller Unendlichkeit und voll großartiger Möglichkeiten und Erfüllungen.

Aber die Menschen sind so beschränkt, Mary, ihre Seelen sind kleinmütig und ihre Sprache armselig. Das Leben ist mächtig, doch der Mensch ist schwach und begrenzt. Zwischen dem Leben und dem Menschen besteht ein tiefer Abgrund. Man kann diesen Abgrund nicht überbrücken, ohne seine Seele zu verbiegen und flexibel zu werden. Soll ein Künstler aber ein Akrobat sein?

Ich persönlich komme nur mit den beiden extremen Gliedern der menschlichen Kette aus:

mit dem primitiven und dem hochgebildeten Menschen.
Der primitive Mensch ist immer ursprünglich und natürlich, während der Gebildete immer feinfühlig und empfindsam ist.
Aber hier in New York habe ich nur Umgang mit normal gebildeten, höflichen und moralischen Menschen. Und sie sind kümmerlich. Sie hängen in der Luft zwischen Himmel und Hölle – doch sie fühlen sich dort so unwohl, dass sie immer hilflos lächeln.

BRIEF AN MARY HASKELL, Briefe, S. 116 f

6. KAPITEL
DER STURM

Der Sturm

Yussuf al-Fachry war dreißig Jahre alt, als er die Welt verließ, um einsam, schweigsam und zurückgezogen in einer entlegenen Einsiedelei zu leben, die am Berghang des Heiligen Tales im Norden des Libanon liegt.

Die Dorfbewohner waren über seinen Schritt geteilter Meinung. Die einen sagten: „Er ist der Sohn einer angesehenen und wohlhabenden Familie; sicher liebte er eine Frau, die ihn verlassen hat, und deshalb verließ er seine Umgebung auf der Suche nach Einsamkeit, um darin Trost zu finden."

Andere sagten: „Er ist ein Dichter und Träumer, der dem Lärm der Menschen entflieht, um seine Gedanken aufzuzeichnen und seine Gefühle in Verse zu ergießen."

Wieder andere sagten: „Er ist ein Mystiker, der die Welt verlässt, um nach seiner Religion des Herzens zu leben." Und schließlich gab es einige, die behaupteten: „Er ist ein Narr!"

Was mich betrifft, so teilte ich weder die Meinung der einen noch der anderen, denn ich bin mir bewusst, dass es im Inneren der Seele Geheimnisse gibt, die sich weder vermuten noch erraten lassen. Insgeheim wünschte ich mir aber, diesem Mann zu begegnen und mich mit ihm zu unterhalten. Zweimal versuchte ich vergeblich, mich ihm zu nähern, um die Wahrheit über ihn zu erfahren und seine Motive kennen zu lernen. Aber ich erhielt von ihm nur einen strengen Blick und einige Worte, die Abneigung, Distanz und Stolz zum Ausdruck brachten.

Das erste Mal sah ich ihn in der Nähe des Zedernhains spazieren gehen. Ich grüßte ihn mit den freundlichsten Worten; er reagierte nur mit einem Kopfnicken und entfernte sich eilig. Das zweite Mal sah ich ihn in einer Weinlaube in der Nähe seiner Einsiedelei. Ich ersuchte ein Gespräch zu beginnen mit den Worten: „Ich hörte, dass diese Einsiedelei von einem syrischen Mönch im 14. Jahrhundert gegründet wurde. Wissen Sie vielleicht mehr darüber?"

Er entgegnete abweisend: „Ich weiß nicht, wer sie gründete und will es auch nicht wissen!" Dann fügte er spöttisch hinzu: „Warum fragen Sie nicht Ihre Großmutter? Sie ist alt und kennt die Geschichte dieses Tales besser als ich." Nach diesen Worten kehrte er mir den Rücken zu. Ich verließ ihn, indem ich meine Aufdringlichkeit bedauerte.

Zwei Jahre vergingen, in denen mir das geheimnisvolle Leben dieses Mannes bisweilen in den

Sinn kam oder seine Gestalt mir im Traum erschien.

An einem Herbsttag, als ich wieder einmal unweit der Einsiedelei des Yussuf al-Fachry über Hügel und durch Täler streifte, wurde ich von einem heftigen Gewitter überrascht. Sturm und Regen setzten mir ordentlich zu, und ich glich einem Segelboot auf stürmischer See, das von den Wellen zerstört und dessen Segel vom Wind zerrissen werden. Ich flüchtete zur Einsiedelei, indem ich mir sagte: Das ist eine günstige Gelegenheit, den Einsiedler zu besuchen, denn der Sturm ist mein Vorwand, und meine durchnässten Kleider sind ein ausreichender Grund.

Ich erreichte die Einsiedelei in einem bedauernswerten Zustand. Kaum hatte ich an die Tür geklopft, da stand der Mann vor mir, den ich seit langem zu treffen wünschte. In seiner Hand hielt er einen Vogel mit aufgeplusterten Federn und verletztem Kopf, der schwer atmete, als würde er sein Leben aushauchen. Ich grüßte ihn und sagte: „Entschuldigen Sie, dass ich in diesem Zustand zu Ihnen komme, aber das Unwetter hat mich überrascht, und ich bin weit entfernt von zu Hause."

Er sah mich missbilligend an und entgegnete mit verächtlichem Tonfall: „Es gibt viele Grotten in

dieser Gegend, in denen Ihr hättet Zuflucht suchen können!"
Während er dies sagte, streichelte er den Kopf des Vogels mit einer solchen Zärtlichkeit, wie ich sie nie in meinem Leben wahrgenommen hatte. Ich wunderte mich über den auffälligen Kontrast seines Verhaltens – die Zärtlichkeit gegenüber dem Vogel und die Strenge mir gegenüber – und war verwirrt. Als hätte er erraten, was in mir vorging, schaute er mich an und sprach: Der Sturm nährt sich nicht von saurem Fleisch. Warum fürchtet Ihr Euch und flieht vor ihm?"
„Mag sich der Sturm das saure Fleisch versagen", entgegnete ich ihm, „dem frischen ist er sicher zugetan, und in mir hätte er einen leckeren Bissen gefunden."
Seine Züge entspannten sich etwas und er sagte: „Wenn der Sturm Euch in einem Bissen gleich vertilgt hätte, dann hättet Ihr Euch eine Ehre erworben, die Ihr jetzt nicht verdient habt."
„Ja", erwiderte ich, „ich bin dem Sturm entflohen und zu Euch geeilt, um dieser Ehre nicht teilhaftig zu werden, die ich nicht verdiene."
Er wandte sein Gesicht von mir ab, um den Anflug eines Lächelns zu verbergen, dann lud er mich ein, mich auf eine Holzbank zu setzen, die

neben einer offenen Feuerstelle stand, in der ein Feuer brannte, und er sagte: „Setzt Euch hierhin und trocknet Eure Kleider!“

Ich ließ mich neben dem Feuer nieder und dankte ihm. Er nahm mir gegenüber auf einer Steinbank Platz, tauchte seine Fingerspitzen in eine ölige Flüssigkeit, die sich in einer irdenen Schale befand, und bestrich damit sanft den Flügel des Vogels und seinen verletzten Kopf. Dann wandte er sich mir zu und erklärte: „Der Wind hat diese Amsel gegen einen Felsen geschleudert und als ich sie fand, schwebte sie zwischen Leben und Tod.“

„Und mich trieb der Wind an Eure Tür“, entgegnete ich, „und bis jetzt weiß ich nicht, ob er meine Flügel gebrochen oder meinen Kopf verletzt hat.“

Er sah mich an und sprach: „Es wäre gut, wenn die Menschen ein wenig von der Natur der Vögel hätten! Es wäre auch wünschenswert, wenn die Stürme die Flügel der Menschen stutzten und ihre Köpfe verletzten! Doch der Mensch ist ängstlich und feige. Sobald er merkt, dass sich ein Sturm erhebt, verbirgt er sich in den Spalten der Erde und in ihren Grotten.“

Bemüht, das Gespräch nicht abbrechen zu lassen, antwortete ich: „Ja, dem Vogel kommt eine Ehre zu, die der Mensch nicht besitzt: Der Mensch lebt im Schatten der Gesetze und Traditionen, die er sich selbst geschaffen hat, während die Vögel nach dem absoluten und universellen Gesetz leben, nach dem die Erde sich um die Sonne dreht." Sein Blick erhellte sich, als hätte er in mir einen Schüler gefunden, der schnell begreift, und er sagte: „Sehr gut, sehr gut, wenn Ihr also wirklich glaubt, was Ihr sagt, dann verlasst die Menschen mit ihren verdorbenen Traditionen und ihren kleinbürgerlichen Gesetzen und lebt wie die Vögel an einem unbewohnten Ort, wo nur die Gesetze der Erde und des Himmels herrschen."

„Ich glaube an das, was ich sage" erwiderte ich.

Er erhob seine Hand und entgegnete mit einer Spur von Hartnäckigkeit in der Stimme: „Der Glaube ist eine Sache, nach ihm zu handeln eine andere. Zahlreich sind diejenigen, die wie das Meer reden, doch ihr Leben gleicht einem Sumpf. Zahlreich sind diejenigen, die ihre Köpfe über die Bergesgipfel erheben, doch ihre Seelen schlummern in dunklen Höhlen." Ohne mir eine Gelegenheit zu lassen, ihm darauf zu antworten, wandte er sich ab und bettete die Amsel auf ein altes Gewand in der Nähe des Fensters; dann legte er Holz ins Feuer und forderte mich auf:

„Zieht Eure Schuhe aus und trocknet Eure Füße! Die Feuchtigkeit schadet der Gesundheit des Menschen mehr als alles andere. Habt keine falsche Scham!“

Ich näherte mich dem Feuer und der Dampf zog aus meinen feuchten Sachen. Er verweilte eine Zeit lang an der Schwelle der Einsiedelei und schaute in den entfesselten Kosmos. Nach einigem Zögern fragte ich ihn: „Lebt Ihr schon lange in dieser Einsiedelei?“

Ohne mich anzusehen, antwortete er: „Ich kam in diese Einsiedelei, als die Erde verwüstet und leer war. Finsternis bedeckte sie und der Geist Gottes schwebte über den Wassern.“

Schweigend dachte ich bei mir: „Wie merkwürdig ist dieser Mensch, und wie schwierig ist es, seine Wahrheit zu entdecken. Aber ich muss die Geheimnisse seiner Seele erfahren. Ich werde warten, bis sein Stolz und Hochmut sich in Sanftmut und Milde wandeln.“

Die Nacht hüllte die weiten Ebenen in ein schwarzes Gewand; der Sturm hatte sich verstärkt, und der Regen goss in Strömen. Es kam mir vor, als wäre eine neue Sintflut ausgebrochen, um alles Leben zu vernichten und die Erde vom Schmutz der Menschen zu befreien. Beim Aufruhr der Elemente schien in Yussuf al-Fachrys Geist – als eine Art Gegenreaktion – Ruhe und Gelassenheit einzukehren, und seine anfängliche Abneigung gegen mich wandelte sich in Sympathie. Er erhob sich, zündete zwei Kerzen an, stellte einen Krug Wein vor mich hin sowie ein Tablett mit Brot, Käse, Oliven, Honig und getrockneten Früchten. Dann setzte er sich mir gegenüber und sagte freundlich: „Das ist alles, was ich an Proviant besitze; ich bitte dich, Bruder, ihn mit mir zu teilen!"

Wir aßen schweigend unser Abendessen und lauschten dem Heulen des Windes und dem Strömen des Regens. Unterdessen beobachtete ich sein Gesicht und suchte darin die Gründe für seine merkwürdige Lebensführung. Nach dem Essen holte er hinter der Feuerstelle eine kupferne Cafetière hervor, aus der er zwei Tassen duftenden Kaffees einschenkte. Dann öffnete er eine Zigarettendose und sagte: „Bediene dich, Bruder!"

Verwundert nippte ich an dem Kaffee und zündete mir eine Zigarette an. Er sah mich an, als ob er meine Gedanken erriete, lächelte und sagte, nachdem er sich auch eine Zigarette angezündet hatte: „Du bist sicher erstaunt, dass es in dieser Einsiedelei Wein, Tabak und Kaffee gibt, und gewiss findest du es seltsam, dass es hier ein Bett und ein reichliches Mahl gibt. Ich tadele dich nicht, wenn du mir deswegen Vorwürfe machst. Wie viele andere glaubst du nämlich, dass die Tatsache, weit entfernt von den Menschen zu leben, bedeutet, dass man auf das Leben und die Freuden des Lebens verzichten muss."

„Ja", sagte ich „wir sind gewohnt, anzunehmen, dass derjenige, der sich der Welt entzieht, um Gott allein anzubeten, auch alles hinter sich lässt, was die Welt an Freuden und Vergnügungen bietet, um ein asketisches Leben zu führen und sich von Wasser und grünen Pflanzen zu ernähren."

„Ich hätte Gott inmitten seiner Schöpfung anbeten können", entgegnete er, „denn die Anbetung Gottes verlangt keine Einsamkeit und Zurückgezogenheit. Ich verließ nicht die Welt, um Gott zu suchen, denn ich hatte ihn bereits gefunden im Hause meines Vaters und an jedem anderen Ort. Ich zog mich von den Menschen zurück, weil mein Charakter nicht mit ihrem Charakter übereinstimmt und weil meine Träume nichts gemein haben mit ihren Träumen. Ich verließ die Menschen, denn ich empfand mich wie ein Rad, das sich rechts herum dreht, während sich alle anderen Räder links herumdrehen. Ich verließ die Stadt, denn sie kam mir vor wie ein kranker Baum: Seine Wurzeln befinden sich im Dunkeln der Erde und seine Zweige reichen bis zu den Wolken, aber seine Blüten sind nichts als Begierden, Laster und Verbrechen, und seine Früchte sind Unglück, Elend und Sorge. Einige Reformer versuchten, ihn zu veredeln, aber sie hatten keinen Erfolg damit, und sie starben besiegt, verzweifelt oder im Exil."

Er näherte sich der Feuerstelle, und als hätte er Freude gefunden an der Wirkung seiner Worte auf mich, fuhr er mit etwas lauterer Stimme fort: „Nein, ich suchte nicht die Einsamkeit zugunsten des Gebetes und der Askese; das Gebet ist der Gesang des Herzens und es erreicht Gottes Ohr, auch wenn es sich inmitten von Geschrei erhebt; und die Askese ist die Unterwerfung des Körpers unter den Willen sowie die Abtötung seiner Wünsche und Begehrlichkeiten. Und das sind Dinge, die in meiner Religion keinen Platz haben. Denn Gott schuf den Körper als Tempel der Seele, und wir haben die Aufgabe, diesen Tempel zu erhalten, damit er stark und rein bleibt und würdig der Gottheit, die in ihm wohnt. Nein, mein Bruder, ich suchte nicht die Einsamkeit, um der Askese und des Gebetes willen, sondern um den Menschen zu entfliehen, um ihren Gesetzen und Traditionen, ihren Lehren und Ideen, ihrem Lärm und ihrer Unruhe den Rücken zu kehren. Ich suchte die Einsamkeit, um nicht die Gesichter der Menschen sehen zu müssen, die ihre Seelen verkaufen und von dem Erlös Dinge erstehen, die weit unter dem Wert ihrer Seelen liegen: Macht und Ehre.

Ich suchte die Einsamkeit, um nicht den Frauen zu begegnen, die ihre Hälse strecken, mit den Augen zwinkern und mit tausend Lächeln auf ihren Lippen ein einziges Ziel verfolgen. Ich suchte die Einsamkeit, um nicht Halbschlauen Gesellschaft leisten zu müssen, die im Schlaf eine Form der Erkenntnis sehen und glauben, in die Tiefen der Erkenntnis vorgedrungen zu sein, oder jenen, die im Wachen eine Form der Wahrheit sehen und sie für die absolute Wahrheit halten, die sie besitzen.

Ich suchte die Einsamkeit, denn ich verachte die Schmeicheleien des Rohlings, der Freundlichkeit für Schwachheit hält, Toleranz für Feigheit und Seelengröße für Hochmut. Ich suchte die Einsamkeit, denn ich war des Umgangs mit den Reichen überdrüssig, die davon überzeugt sind, dass die Sonnen, Monde und Sterne aus ihren Schatztruhen aufgehen und in ihren Tresoren untergehen. Ich hatte es satt, mit Politikern

Umgang zu pflegen, die mit den Wünschen der Nation ihr Spiel treiben, indem sie goldschimmernden Sand in ihre Augen streuen und ihre Ohren mit wohlklingenden Worten füllen. Und es ödete mich an, Priestern zu begegnen, die den Menschen predigen, was sie sich selbst nicht predigen, und von ihnen verlangen, was sie von sich selbst nicht verlangen.

Ich suchte die Einsamkeit auf, weil ich aus der Hand eines Menschen noch nie etwas erhalten habe, was ich nicht zuvor mit meinem Herzen bezahlt hatte. Ich suchte die Einsamkeit auf, weil mich dieses gigantische Gebäude, das man Zivilisation nennt, anwidert, dieses sorgsam errichtete und prächtig geschmückte Gebäude, das auf einem Berg menschlicher Totenschädel errichtet wurde.

Ich suchte die Einsamkeit, denn in der Einsamkeit finden wir das Leben der Seele, des Geistes und des Körpers. Ich suchte die leere Wüste, denn in der Wüste entdecken wir das Licht der Sonne, den Duft der Blumen und die Melodien der Flüsse. Ich zog mich ins Gebirge zurück, denn hier erlebt man das Erwachen des Frühlings, die Sehnsucht des Sommers, die Lieder des Herbstes und die Macht des Winters. Ich kam in diese entfernte Einsiedelei, weil ich die

Geheimnisse der Erde kennenlernen will und mich dem Throne Gottes nähern möchte."

Er schwieg und atmete tief, als ob man eine schwere Last von seinen Schultern genommen hätte, seine Augen leuchteten und auf seinem Gesicht konnte man Anzeichen von Stolz und Entschlossenheit lesen.

Ich betrachtete ihn eine Weile und dachte darüber nach, was er mir enthüllt hatte. Dann sagte ich: „Du hast Recht in allem, was du gesagt hast. Und indem du die Krankheiten der Gesellschaft so trefflich diagnostiziert hast, hast du mir bewiesen, dass du ein brillanter Arzt bist. Aber meinst du nicht, dass es einem Arzt nicht erlaubt ist, den Kranken aufzugeben und zu verlassen, bevor er entweder geheilt oder gestorben ist? Die Welt braucht dringend Menschen wie dich und es ist bedauerlich, dass du dich von den Menschen zurückziehst, während du ihnen nützlich sein könntest."

Er sah mich einen Moment an, dann entgegnete er mit einem Ton von Bitterkeit: „Seit Anbeginn der Welt versuchen Ärzte, die Kranken von ihren Krankheiten zu befreien. Die einen versuchten es mit Seziermessern, die anderen mit Medikamenten; doch alle starben hoffnungslos. Möge der Kranke sich damit begnügen, auf seinem

Lager zu liegen und sein Leiden zu akzeptieren; aber er greift jedem an den Hals, der ihn besucht oder pflegt, um ihn zu erwürgen. Und was mich auf die Palme bringt, ist, dass dieser bösartige Kranke seinen Arzt umbringt und dann seine Augen schließt und sagt: ‚Das war wirklich ein großer Arzt …' Nein, mein Bruder, es gibt unter den Menschen keinen, der einem anderen Menschen nützlich sein könnte. Selbst der Bauer – so fähig er sein mag – kann seine Felder nicht im Winter nutzen."

„Der Winter der Welt geht vorüber", gab ich zu bedenken, „und danach kommt ein herrlicher Frühling, und auf den Feldern blühen die Blumen und die Flüsse singen in den Tälern."

Er runzelte die Stirn und sagte mit einem Seufzer: „Ich weiß nicht, ob Gott das menschliche Leben, das eine Ewigkeit dauert, in Jahreszeiten einteilt, die den Jahreszeiten der Natur in ihrer Abfolge gleichen. Wird es in Tausenden von Jahren auf dieser Erde eine menschliche Gesellschaft geben, die aus dem Geist und der Wahrheit lebt? Wird eine Zeit kommen, die den Menschen ehrt, die ihn in die Mitte des Lebens stellt, eine Zeit, in der sich der Mensch am Licht des Tages und an der Stille der Nacht erfreut? Was meinst du, wird das jemals eintreten? Wird sich das verwirklichen, wenn die Erde der Ketten und Fesseln des Menschen überdrüssig ist und genug Menschenblut getrunken hat?“

Er erhob seine Rechte, als ob er auf eine andere Welt hinweisen wollte und sagte: „Das sind alles Träume, und diese Einsiedelei ist kein Haus für Träume! Jeder Winkel dieses Raumes ist erfüllt von dem, was ich sicher weiß, ja sogar diese Täler und Berge sind davon erfüllt. Und was ich sicher weiß, ist dies: Ich bin ein menschliches Wesen, das in seinem Innersten Hunger und Durst verspürt. Und ich habe ein Recht darauf, diesen Hunger und Durst mit dem Brot und Wein des Lebens zu stillen – aus Gefäßen, die ich mit meinen eigenen Händen herstelle. Deshalb verließ ich die Tische der Menschen und ihre Feste und ich kam an diesen einsamen Ort, wo ich bis zum Ende meines Lebens bleiben werde.“

Er ging im Raum auf und ab, während ich ihn betrachtete, über seine Worte nachsann und mir die Motive vorzustellen versuchte, die bewirkt hatten, dass er die menschliche Gesellschaft in so düsteren Farben und krummen Linien sah. Dann unterbrach ich ihn und sagte: „Ich respektiere deine Ideen und Ziele. Ich respektiere auch deine Einsamkeit. Aber ich weiß auch – und dieses Wissen enthält ein Bedauern –, dass diese unglückliche Nation durch deine Abwendung von ihr einen fähigen Menschen verloren hat, der ihr hätte bestens dienen und nützen können."

Er entgegnete kopfschüttelnd: „Diese Nation ist wie alle anderen Nationen, denn die Menschen sind alle gleich veranlagt, und sie unterscheiden sich lediglich durch äußere Erscheinungsformen, die unwesentlich sind. Das Elend der orientalischen Nationen ist das Elend der ganzen Welt. Und was man als Evolution im Okzident bezeichnet, ist nur eine Form der Illusion. Heuchelei bleibt Heuchelei, selbst wenn sie sich die Nägel schneidet. Betrug bleibt Betrug, auch mit gefärbten Fingernägeln; und Lüge wird keine Wahrheit, weil sie sich in Seide hüllt und Schlösser bewohnt.

Verrat wandelt sich nicht in Treue, weil er Schnellzüge und Flugzeuge benutzt. Ehrgeiz wird nicht zur Genügsamkeit, weil er imstande ist, Entfernungen zu vermessen und Gewichte festzustellen; Verbrechen werden keine Tugenden, weil Firmen und Institute sie in Auftrag geben. Und was die Sklaverei betrifft – die Sklaverei des Lebens durch Vergangenheit, Erziehung, Tradition und Mode –, so bleibt sie Sklaverei, selbst wenn sie ihr Gesicht anmalt und ihre Kleidung wechselt; sie bleibt Sklaverei, auch wenn sie sich den Namen Freiheit zulegt. Nein, mein Bruder, der Mensch im Okzident ist nicht fortgeschrittener als der Orientale, und der Orientale ist nicht weiser als der Mensch im Westen. Der Unterschied zwischen ihnen ist der gleiche wie zwischen Wolf und Hyäne. Ich habe diese Gesellschaft beobachtet und hinter allen unterschiedlichen äußeren Erscheinungsformen ein einziges Grundgesetz erkannt, das gerecht ist, und das Elend, Blindheit und Unwissenheit zu gleichen Teilen verteilt, ohne ein Volk einem anderen vorzuziehen oder eine Gruppe mehr zu unterdrücken als eine andere."

Seine Worte versetzten mich in Erstaunen, und ich antwortete verwirrt: „Also ist deiner Meinung nach alle Zivilisation und alles, was sie mit sich bringt, umsonst?"

„Ja", bestätigte er, „alle Zivilisation und alles, was sie mit sich bringt, ist eitel. Die Erfindungen und Entdeckungen sind nichts als Spielzeuge, mit deren Hilfe der Verstand Ablenkung sucht, wenn er sich in einem Zustand der Langeweile und des Verdrusses befindet. Die Verkürzung der Entfernungen, die Einebnung der Gebirge, die Beherrschung der Meere und des Weltraums sind nichts als trügerische Früchte aus Dunst, die

weder das Auge erfreuen noch das Herz erquicken oder die Seele erheben können.
Und was Kenntnisse und Kunst betrifft, so sind sie goldene Fesseln und Ketten, die der Mensch hinter sich herzieht, erfreut über ihren Glanz und das Klirren ihrer Ringe, es sind Käfige, deren Stangen und Gitter der Mensch vor Jahrhunderten zu schmieden begann, ohne zu wissen, dass er am Ende seiner Arbeit und seines Wirkens sich selbst im Inneren dieser Käfige gefangen findet. Ja, eitel sind die Werke des Menschen, eitel sind seine Absichten und Ziele, seine Neigungen und Wünsche; eitel ist alles auf dieser Welt. Doch unter all den Eitelkeiten des Lebens gibt es etwas, das wert ist, begehrt, gewünscht und geliebt zu werden."
„Und was ist das?", fragte ich neugierig.
Er verharrte eine Weile schweigend, dann schloss er seine Augenlider, verschränkte seine Hände auf der Brust und sagte mit leuchtendem Gesicht und entspannten Zügen: „Es ist ein Erwachen in den Tiefen der Seele. Es ist eine Idee, die den Geist des Menschen überfällt und seinen Blick öffnet, sodass er das Leben anders sieht. Er sieht es umgeben von einer Aureole, wie ein Lichtturm zwischen Himmel und Erde aufgerichtet, und es ist voller Melodien. Es ist wie

eine Flamme, die plötzlich im Inneren auflodert, die das trockene Gras der Umgebung verbrennt und lodernd in den Raum aufsteigt.

Es ist ein Gefühl der Sympathie und Zuneigung, das das ganze Herz erfüllt und alles verachtet, was nicht mit ihr übereinstimmt, und alle geringschätzt, die in diese Geheimnisse nicht eingeweiht sind. Es ist eine unsichtbare Hand, die den Schleier von meinen Augen entfernte, als ich inmitten der Menschen war, mit meinen Familienangehörigen, Freunden und Landsleuten."

Ich hielt überrascht inne und sagte mir: „Was sind das für Gesichter, die mich anstarren? Woher kenne ich sie? Wo traf ich sie? Und warum halte ich mich bei ihnen auf? Bin ich nicht ein Fremder unter ihnen, und sind sie nicht Fremde in Häusern, die das Leben für mich gebaut und deren Schlüssel es mir anvertraut hat?"

Er schwieg, als ob die Erinnerung Bilder in sein Gedächtnis projiziert hätte, die er nicht preisgeben wollte. Dann breitete er seine Arme aus und sagte flüsternd: „Das ist es, was mir vor vier Jahren widerfuhr. Da verließ ich die Welt und kam in diese Wildnis, um im Zustand des Wachens zu leben, und um mich zu erfreuen am Denken, Fühlen und Schweigen."

Er ging zur Tür der Einsiedelei und schaute in die Nacht. Dann sagte er mit lauter Stimme, als ob er sich an den Sturm wandte: „Es ist ein Erwachen in den Tiefen der Seele. Wer es kennengelernt hat, vermag es nicht in Worte zu kleiden. Und wer es nicht kennt, wird seine Geheimnisse nie erahnen."

Eine Stunde verging, die erfüllt war vom Geflüster der Gedanken und vom Heulen des Sturmes. Yussuf al-Fachry ging im Inneren der Einsiedelei auf und ab. Von Zeit zu Zeit blieb er am Eingang stehen und blickte in die verregnete Nacht. Ich verharrte schweigend, lauschte den Schwingungen seines Geistes und dachte über seine Worte nach sowie über sein Leben, und was sich darin an Freuden der Einsamkeit und Leiden verbarg.

Nach diesen Worten hüllte er sich in einen dicken, schwarzen Umhang und sagte lächelnd: „Ich bitte dich, die Tür der Einsiedelei zu schließen, wenn du sie morgen früh verlässt, denn ich werde den morgigen Tag im Zedernhain verbringen."

Er ging zur Tür, nahm einen langen Stock von der Wand und sagte: „Wenn der Sturm dich ein zweites Mal in dieser Umgebung überrascht, dann zögere nicht, in die Einsiedelei zu kommen.

Allerdings wäre ich froh, wenn du deiner Seele die Liebe zum Sturm beibringst und nicht die Angst davor. Guten Abend, Bruder!“ Und er trat eilig in die Nacht hinaus.

Als ich an die Tür der Einsiedelei trat und ihm nachblickte, hatte die Finsternis ihn bereits aufgenommen und man hörte nur noch das Hallen seiner Schritte auf dem Kiesweg.

Als der Morgen kam, war der Sturm vorbei, die Wolken hatten sich zerstreut, und Felsen und Wälder erschienen im neuen Schmuck des Sonnenlichts. Ich verließ die Einsiedelei, nachdem ich ihre Tür gut verschlossen hatte.

Kaum hatte ich die Häuser der Menschen erreicht, sah ich ihre Betriebsamkeit und hörte ihren Lärm; da hielt ich einen Moment inne und sagte mir: „Ja, das geistige Erwachen ist das wichtigste Ereignis im Menschen; es ist sogar das Ziel seines Lebens.

Aber ist nicht auch die Zivilisation mit allem, was sie enthält, ein Weg zum geistigen Erwachen? Wie ließe sich das leugnen? Zwar mag unsere gegenwärtige Zivilisation eine vorübergehende Erscheinungsform sein, doch das ewige Gesetz macht aus diesen vorübergehenden Manifestationen eine Leiter, deren Sprossen uns zum absoluten Wesen führen.“

Ich habe Yussuf al-Fachry kein weiteres Mal mehr getroffen, denn das Schicksal hat mich am Ende jenes Herbstes aus dem Nordlibanon verbannt. Ich emigrierte in ein entferntes Land, dessen Stürme gezähmt sind. Und was die Askese betrifft, so hält man sie in diesem Land für eine Torheit.

DIE STÜRME, S. 626 ff

Ein Einsiedler ist jemand, der auf die Welt der Bruchstücke verzichtet, um sich an der ganzen Welt ohne Unterbrechung zu erfreuen.

SAND UND SCHAUM, S. 966

7. KAPITEL

GOTT FINDEN IN DER EINSAMKEIT

Gottfindung

Zwei Männer gingen im Tal spazieren. Da deutete einer mit seinem Finger auf das Gebirge vor ihnen und sagte: „Siehst du diese Einsiedelei? Dort lebt ein Mann, der vor langer Zeit der Welt den Rücken gekehrt hat. Er sucht nur Gott und nichts anderes auf Erden."

Der andere Mann sagte: „Er wird Gott nur finden, wenn er die Einsiedelei verlässt und in diese Welt zurückkehrt, um unsere Freude und unser Leid zu teilen, wenn er bei Hochzeiten mit unseren Tänzern tanzt und mit uns an den Särgen unserer Verstorbenen weint."

Der erste Mann war im Grunde seines Herzens der gleichen Meinung, doch ungeachtet seiner Überzeugung sagte er: „Ich stimme mit allem überein, was du sagst, doch ich glaube, dass dieser Einsiedler ein guter Mensch ist. Und kann es nicht sein, dass ein guter Mensch in seiner Zurückgezogenheit mehr Gutes bewirkt als die scheinbare Rechtschaffenheit vieler Menschen?"

DER WANDERER, S. 1227

Geliebte Mary,

ich war mehr als eine Woche in dieser sonderbar öden Stadt. Ich kann nicht arbeiten, wie sehr ich mich auch anstrenge. Nicht einmal denken kann ich. Ich werde zertrampelt von netten Leuten, mit denen ich wenig gemein habe. Ich genieße es, bei meiner Schwester zu sein – aber man lässt uns nicht einmal eine Stunde alleine. Und es war so kalt, dass es närrisch gewesen wäre, zum Meer oder aufs Land zu gehen.

Es muss mit mir etwas nicht in Ordnung sein, Mary. Ich werde wie mein Narr. Ich sehe die Menschen und ich weiß, dass es gute Seelen sind; und dennoch, immer wenn ich neben ihnen sitze oder mit ihnen rede, verspüre ich eine dämonische Ungeduld ... Und wenn sie sprechen, gebärdet sich mein Geist wie toll, er schlägt mit seinen Flügeln wie ein Vogel, den man an seinen Füßen angebunden hat.

Es ist wahr, die Syrer sind weniger störend, weil sie einfacher sind und nicht versuchen, sich interessant zu machen. Die Menschen, die stets versuchen, sich interessant zu machen, sind die größte Last ...

Gute Nacht, geliebte Mary!

Liebe von Khalil.

Brief an Mary Haskell; Briefe, S. 122

Ob in der Nähe oder in der Ferne

Mein lieber Bruder Amin,
gerade habe ich die Tür meines Zimmers geschlossen, wo ich alleine sitze, umnebelt vom Rauch der Zigaretten, vermischt mit dem Duft von Mokka aus Hijaz; und wie angenehm ist es, mich dabei mit dir zu unterhalten, während du auf der anderen Seite der großen, kleinen Erdkugel bist, im schönen Libanon; und ich bin immer noch hier in Boston, das übervoll ist von Betriebsamkeit und Lärm. Du bist im Orient und ich bin im Okzident, aber wie nahe bist du mir in deiner Entfernung, o Amin!

Gewöhnlich ertragen die Menschen es nicht, wenn ihre Lieben und Freunde in weiter Ferne von ihnen leben, denn sie erleben die Freuden des Lebens durch ihre Sinne; doch was Gibran betrifft, so ersetzt sein Geist den Gebrauch der Sinne, und er sieht, hört und fühlt – aber ohne Augen, Ohren und Finger. Er geht zu den Enden der Welt und kommt zurück – aber ohne die Füße zu bewegen und Schiffe oder andere Fahrzeuge zu benutzen; er erfreut sich an Amin und allem, was ihn umgibt – egal ob er sich in der Nähe oder in der Ferne aufhält – ebenso wie er sich erfreut an vielen unsichtbaren und unhörbaren Dingen; und das Schönste in unserem Leben ist das, was man weder sieht noch hört ...

BRIEFE, S. 28

Einsamkeit ist ein ruhiger Sturm, der all unsere toten Teile zerbricht. Jedoch treibt er unsere lebendige Wurzel tiefer in das lebendige Herz der lebendigen Erde.

SAND UND SCHAUM, S. 961

Der Lehrer

Niemand kann euch etwas offenbaren, was nicht schon unbewusst im Dämmern eures Wissens schlummert.
Der Lehrer, der mit seinen Schülern im Schatten des Tempels umhergeht, beschenkt sie nicht mit seiner Weisheit, sondern mit seinem Glauben und seiner Liebe.
Ist er wirklich weise, so lädt er euch nicht ein, das Haus seiner Weisheit zu betreten, sondern er führt euch zur Schwelle eures eigenen Geistes. Der Sternkundige kann euch sein Verständnis des Weltraums mitteilen, doch kann er euch sein Verständnis nicht geben.

Der Musiker kann euch den Rhythmus des Weltalls vorspielen, aber er vermag es nicht, euch ein Ohr zu geben, das diesen Rhythmus vernimmt, noch eine Stimme, die ihn wiedergibt. Und wer in der Wissenschaft der Zahlen bewandert ist, der kann euch von der Welt der Gewichte und Maße berichten, doch kann er euch nicht in ihr Reich führen.
Denn die Vision eines Menschen leiht ihre Flügel keinem anderen.
Und wie jeder von euch alleine ist in Gottes Wissen, so muss ein jeder auch alleine sein in seinem Wissen von Gott und seinem Verständnis von der Erde.

DER PROPHET, S. 911

8. KAPITEL
DER KÖNIGLICHE EINSIEDLER

Der königliche Einsiedler

Man erzählte mir, dass inmitten eines von Bergen umgebenen Waldes ein junger Mann alleine und zurückgezogen lebte, der einst der Herrscher eines großen Landes hinter den beiden Flüssen war. Ich erfuhr auch, dass er seinen Thron und sein Land aus eigenem Entschluss verlassen hatte und dass er an diesen Ort gekommen war, um als Einsiedler in der Wildnis zu leben.

Da dachte ich mir: „Ich muss diesen Mann suchen, um sein Geheimnis zu erfahren, denn wer auf ein Königreich verzichtet, tut es gewiss für etwas, das in seinen Augen noch größeren Wert hat."

Noch am gleichen Tag brach ich auf in den Wald, wo der ehemalige König lebte. Ich sah ihn unter einer weißen Zypresse sitzen; in seiner Hand hatte er ein Rohr und es sah aus, als ob er ein Zepter hielte. Ich grüßte ihn, wie man einen König grüßt. Er wandte sich mir zu und sagte freundlich: „Was führt dich in diesen entlegenen Wald der heiteren Ruhe? Suchst du in seinem grünen Schatten ein verlorenes Ich, oder kehrst du heim in seine Dämmerung?"

„Das Ziel meines Suchens bist du", antwortete ich, „denn ich möchte gerne wissen, was dich dazu bewogen hat, ein Königreich gegen diesen Wald einzutauschen."

„Meine Geschichte ist so kurz wie das Zerplatzen einer Seifenblase", sagte er. „Es geschah so: Eines Tages, als ich am Fenster meines Palastes saß, spazierte mein Kämmerer mit dem Gesandten eines anderen Landes durch den Park. Als sie sich meinem Fenster näherten, sprach der Kämmerer gerade von sich selbst und er sagte: „Ich bin wie der König, ich mag guten Wein und Glücksspiele. Und wie mein Herr, der König, habe ich ein stürmisches Temperament." Darauf entfernten sich der Kämmerer und der Botschafter hinter den Bäumen.

Nach einigen Minuten kamen sie wieder an meinem Fenster vorbei; dieses Mal war die Rede von mir, und ich hörte den Kämmerer sagen: „Mein Herr, der König, ist wie ich ein guter Meisterschütze und Musikliebhaber, und wie ich nimmt er dreimal täglich ein Bad."

Nach einer kurzen Pause fuhr der König fort: „Noch am gleichen Abend verließ ich meinen Palast; ich nahm nichts mit außer meiner Kleidung, denn ich wollte nicht länger über Menschen herrschen, die meine Laster auf sich nehmen und mir ihre Tugenden zuschreiben."

„Das ist wirklich eine merkwürdige und wundersame Geschichte", sagte ich.
Er entgegnete: „Mein Freund, du hast an das Tor meines Schweigens geklopft und bisher hast du nur einen Splitter von der Wahrheit erfahren. Wer wollte nicht ein Königreich eintauschen gegen einen Wald, in dem die Jahreszeiten unaufhörlich singen und tanzen. Viele gaben ihr Königreich her und sie erhielten dafür viel weniger als Alleinsein und die köstliche Gesellschaft der Einsamkeit.
Zahlreich sind die Adler, die aus hoher Luft hinabsteigen und mit den Maulwürfen leben, um die Geheimnisse der Erde zu erfahren. Und zahllos sind diejenigen, die auf das Königreich der Träume verzichten, um sich denjenigen anzugleichen, die ohne Träume sind. Und da sind diejenigen, die das Königreich der Nacktheit verlassen und ihre Seelen verhüllen, damit die anderen nicht beschämt werden, wenn sie die unverhüllte Wahrheit und die unverschleierte Schönheit vor Augen haben.
Und größer als all jene ist derjenige, der das Königreich der Sorgen verlässt, um nicht stolz und anmaßend zu erscheinen."
Dann erhob er sich, auf sein Rohr gestützt, und sagte: „Geh nun in die große Stadt zurück, setze

dich an eines ihrer Tore, und beobachte alle diejenigen, die dort ein- und ausgehen! Versuche, darunter denjenigen zu finden, der ohne Königreich ist, obgleich er zum König geboren wurde, oder denjenigen, der im Geiste regiert, obwohl er im Fleisch regiert, selbst wenn sich weder er noch seine Untertanen dessen bewusst sind, und schließlich denjenigen, der zu herrschen glaubt, obwohl er in Wirklichkeit nur der Sklave seiner Sklaven ist. Nachdem er dies gesagt hatte, lächelte er mich an und tausend Morgenröten erschienen auf seinen Lippen. Dann drehte er sich um und entfernte sich ins Innere des Waldes. Ich kehrte in die Stadt zurück und wie der König mir geraten hatte, setzte ich mich ans Tor, um die Vorübergehenden zu beobachten. Und von diesem Tag an bis heute sind die Könige zahlreich, deren Schatten an mir vorüberzogen, aber gering ist die Zahl der Untertanen, an denen mein Schatten vorüberzog.

DER VORBOTE, S. 703 f

Meine Einsamkeit wurde geboren, als ein Mensch meine geschwätzigen Fehler lobte und meine schweigenden Werte tadelte.

SAND UND SCHAUM, S. 943

Die Höhlen meiner Seele

Mein liebes Fräulein May,

... Und was soll ich über die Höhlen meiner Seele sagen, jene Höhlen, die Sie so zu ängstigen scheinen?

Ich ziehe mich in sie zurück, wenn ich der weiten Wege der Menschen müde bin sowie ihrer blühenden Felder und ihrer dichten Wälder. Ich ziehe mich in die Höhlen meiner Seele zurück, wenn ich keinen anderen Platz finde, meinen Kopf aufzustützen. Und wenn einige von den Menschen, die ich liebe, den Mut hätten, diese Höhlen zu betreten, so würden sie darin nichts anderes finden als einen Mann, der kniend im Gebet verharrt.

BRIEF AN SEINE FREUNDIN MAY ZIADEH, Briefe S. 191

Das Leben ist ein langer Gedanke

Geliebte Mary,

der Frühling ist da, und es fällt mir schwer, im Studio zu bleiben. Jeden Tag gehe ich im Park spazieren. Ich wandere an einsamen Plätzen, bis der Abend anbricht und die Lichter durch die nackten Zweige blicken; dann gehe ich nach Hause.

Allein – nur mit einem Notizblock ausgerüstet – spazieren zu gehen, ist die größte Freude, die ich in dieser Stadt finden kann. Ich denke meine Gedanken und spreche mit dir. Das Leben ist nicht „ein Märchen, von einem Narren erzählt, das voller Schall und Aufgebrachtheit ist und nichts bedeutet", wie Macbeth glaubte.
Das Leben ist vielmehr ein langer Gedanke. Aber ich habe nicht den Wunsch, ihn mit anderen menschlichen Wesen zusammen zu denken. Sie ziehen zu einer Seite und ich zu der anderen – und man kann zu großem geistigem Ziehen schlecht standhalten. Etwas, das uns so nah zusammenbrachte, Mary, ist die Tatsache, dass wir beide in eine Richtung ziehen. Und wir fürchten uns nicht vor der sogenannten Einsamkeit ...
Möge Gott dich beschützen, Liebste.

BRIEF AN MARY HASKELL, Briefe, S. 129

Der Astronom

Im Schatten des Tempels sahen mein Freund und ich einen einsamen Blinden sitzen. „Sieh", sagte mein Freund, „der weiseste Mann unseres Landes." Ich verließ meinen Freund, näherte mich dem Blinden, begrüßte ihn, und wir kamen in ein Gespräch.

Nach einer Weile sagte ich: „Vergib meine Frage, aber seit wann bist du blind?“
„Seit meiner Geburt“, antwortete er.
Ich fragte: „Welchem Pfad der Weisheit folgst du?“
Er sagte: „Ich bin Astronom.“
Dann wies er mit der Hand auf seine Brust und sagte: „Ich beobachte all diese Sonnen, Monde und Sterne.“

DER NARR, S. 523

Das Leben vollzieht sich im Verborgenen

Das Leben vollzieht sich nicht an der Oberfläche, sondern im Verborgenen. Es kommt nicht auf die äußere Schale der Dinge an, sondern auf ihren inneren Kern, und die Menschen erkennt man nicht an ihren Gesichtern, sondern an ihren Herzen.
Religion beschränkt sich nicht auf das, was ihre Tempel ausstellen und ihre Riten und Traditionen verkünden, sondern darauf, was sich in den Seelen verbirgt.

ERDE UND SEELE, S. 748

9. KAPITEL
DER DICHTER

Der Dichter

Er ist die Verbindung
zwischen dieser und jener Welt,
eine Quelle süßen Wassers
für den Durstigen,
ein Baum am Ufer des Flusses der Schönheit,
der reife Frucht trägt für hungernde Herzen.

Eine singende Nachtigall ist er,
die auf Zweigen aus Worten hüpft
und Lieder singt, die das Herz erfreuen,
oder eine weiße Wolke,
die am Abendhimmel erscheint, ...
dann verwandelt sie sich in Regen
und tränkt die Blumen
der Felder des Lebens.

Er ist ein Engel,
den die Götter sandten,
um die Menschen Göttliches zu lehren,
ein helles Licht ist er,
das keine Dunkelheit besiegt
und kein Scheffel verbirgt,
er ist eine Lampe,
von Astarte, der Göttin der Liebe
mit Öl gefüllt.

Ein Einsamer ist er,
unscheinbar gekleidet,
der von der Sanftmut lebt;
im Schoße der Natur
lernt er von der Schöpfung;
in der Stille der Nacht wacht er
und wartet auf die Eingebung des Geistes...
Die Menschen aber beachten ihn nicht,
solange er unter ihnen lebt.
Sie erkennen ihn erst,
wenn er Abschied nimmt von dieser Welt,
um in seine himmlische Heimat zurückzukehren.
Nichts erwartet der Dichter von ihnen
außer einem Lächeln.
Sein Geist erhebt sich
und erfüllt den Raum
mit Bildern der Schönheit.
Doch die Menschen versagen ihm
Nahrung und Wohnung.
Bis wann, o Mensch,
bis wann, o Welt,
baust du denjenigen Paläste,
welche die Erde mit Blut beflecken,
und du geizt mit denen,
die dir das beste ihrer Seele schenken,
ihren Frieden und ihre Sanftmut?

O Dichter,
Ihr seid das Leben des Lebens!

Ihr habt die Jahrhunderte beherrscht
trotz ihrer Tyrannei!
Ihr habt Lorbeerkränze gewonnen,
den Dornen der Verblendeten zum Trotz!
Ihr herrscht über die Herzen,
und eure Herrschaft hat kein Ende.

EINE TRÄNE UND EIN LÄCHELN, S. 404 f

Die Stimme des Dichters

Die Menschen lärmen wie ein mächtiger Sturm; ich aber seufze schweigend, denn ich weiß, dass die Gewalt des Sturmes vorübergeht – aufgezehrt von den Tiefen der Zeit – während das Seufzen bleibt, solange Gott währt.

Die Menschen sind mit der Materie verhaftet, die eiskalt ist wie der Schnee. Ich aber suche die Flamme der Liebe, um sie an meine Brust zu drücken, damit sie meine Rippen verzehre und mein Inneres befreie, denn ich habe erfahren, dass die Materie den Menschen tötet, ohne dass er Schmerzen empfindet, während die Liebe ihn unter Schmerzen lebendig macht.

STIMME DES DICHTERS, S. 450

Der Dichter – ein Fremder in der Welt

Ich bin ein Fremder in dieser Welt.

Ich bin ein Fremder, und dieses Fremdsein verursacht schmerzliche Einsamkeit und Isolation; doch zugleich bewirkt es, dass ich unaufhörlich an ein zauberhaftes Land denke, das ich nicht kenne, und meine Träume füllen sich mit Bildern jenes fernen Landes, das meine Augen nie gesehen haben.

Ich bin ein Fremder für meine Familie und meine Freunde. Wenn ich einen von ihnen treffe, frage ich mich: „Wer ist das? Woher kenne ich ihn? Welche Bande verbinden mich mit ihm? Warum unterhalte ich mich mit ihm?"

Ich bin mir selbst fremd, und wenn ich mich reden höre, findet mein Ohr meine Sprache fremdartig. Ich sehe mein verborgenes Ich lachen oder weinen, mutig oder ängstlich sein, und ich wundere mich darüber. Ich suche nach einer Erklärung, ohne sie zu finden. Ich bleibe mir fremd – eingehüllt in Nebel und umgeben von Schweigen.

Die Stürme, S. 688

Meine Seele mahnte mich

Meine Seele mahnte und lehrte mich, den Stimmen zu lauschen, die weder von den Lippen noch von der Kehle erzeugt werden.
Bevor meine Seele mich dies lehrte, waren meine Ohren stumpf. Sie hörten nur auf Lärm und Geschrei. Doch jetzt beginne ich in die Stille zu lauschen; ich höre ihre Chöre Kantaten singen und Hymnen psalmodieren und die Geheimnisse der Ewigkeit offenbaren.

ERDE UND SEELE, S. 772

Die Nacht und der Narr

„Ich bin wie du, o Nacht, dunkel und nackt; ich begehe den flammenden Pfad hoch über den Träumen meiner Tage, und wo mein Fuß die Erde berührt, entspringt eine riesige Eiche."
„Nein, o Narr, du bist nicht wie ich. Immer noch blickst du dich um nach der Fußspur, die du im Sand hinterlässt."
„Ich bin wie du, o Nacht, verschwiegen und tief. Im Herzen meiner Einsamkeit liegt eine Göttin in Wehen, und in dem, der aus ihr geboren wird, berühren sich Himmel und Erde."
„Nein, o Narr, du bist nicht wie ich. Noch schauderst du vor Schmerz und schreckst vor dem Lied des Abgrunds zurück."

„Ich bin wie du, o Nacht, wild und schrecklich. In meinen Ohren dröhnen das Geschrei besiegter Völker und das Wehklagen längst vergessener Kontinente."

„Nein, o Narr, du bist nicht wie ich. Immer noch hast du deine kleinliche Seele zum Gefährten und kannst mit deiner größeren Seele nicht Freund sein."

„Ich bin wie du, o Nacht, abscheulich und grausam. Meine Brust leuchtet im Schein brennender Schiffe, und meine Lippen triefen vom Blut erschlagener Krieger."

„Nein, o Narr, du bist nicht wie ich. Immer noch verlangst du nach einer Schwesterseele und hast dein eigenes Gesetz nicht gefunden."

„Ich bin wie du, o Nacht, glücklich und froh. Wer in meinem Schatten lebt, ist trunken von jungem Wein, und wer mir folgt, sündigt frohgemut."

„Nein, o Narr, du bist nicht wie ich. Deine Seele ist hinter sieben Schleiern verborgen, und du hast dein Herz nicht in der Hand ..."

„Bist du wie ich, Kind meines dunkelsten Herzens? Denkst du meine wilden Gedanken, sprichst du meine verheerende Sprache?"

„Ja, o Nacht, Zwillingsbrüder sind wir. Du offenbarst das All und ich offenbare meine Seele."

DER NARR, S. 518 f

Lied

In den Tiefen meiner Seele wohnt ein Lied,
das sich weder in Worte kleiden
noch mit Tinte zu Papier bringen lässt;
es umgibt meine Gefühle wie eine Hülle
und gelangt nicht auf meine Zunge.

Wie kann ich es anstimmen,
ohne es rauen Winden auszusetzen?
Wem kann ich es singen,
ohne es groben Ohren preiszugeben?

In meiner Seele wohnt ein Lied,
und wenn du tief in meine Augen schautest,
sähest du den Schatten seines Schattens;
wenn du meine Fingerspitzen berührtest,
fühltest du sein Zittern.

Die Werke meiner Hände bringen es ans Licht,
wie ein See das Leuchten der Sterne spiegelt;
und meine Tränen enthüllen es,
wie die Tautropfen das Geheimnis der Rose,
wenn sie sich unter der Sonne auflösen.

Es ist ein Lied, das in der Stille erklingt
und bei Lärm verstummt,
das sich im Traum offenbart
und beim Erwachen zurückzieht.
Es ist das Lied der Liebe.

EINE TRÄNE UND EIN LÄCHELN, S. 434 f

Du besitzt die große Gabe des Verstehens, geliebte Mary. Du bist ein Lebensspender, Mary. Du bist wie der große Geist, der dem Menschen verhilft, nicht nur zu existieren, sondern sein Leben zu bereichern, zu erweitern, zu erhöhen. Dich zu kennen, ist der große Segen meiner Tage und meiner Nächte, ein Wunder – ganz außerhalb der natürlichen Ordnung der Dinge.

Ich hielt es stets mit meinem Narren, der behauptet, dass diejenigen, die uns verstehen, etwas in uns versklaven. Aber mit dir verhält es sich nicht so. Dein Verständnis für mich ist die friedlichste Freiheit, die ich je gekannt habe ...

Und nun bist du ein Einsiedler im Gebirge. Mir erscheint nichts köstlicher, als Eremit in einer Gegend „voll schöner, versteckter Plätze" zu sein. Aber bitte, begib dich nicht in Gefahr, Geliebte! Einmal Eremit zu sein, wird deine hungrige Seele nicht befriedigen; du musst wohlauf und stark bleiben, um erneut Eremit zu werden.

Liebe von Khalil.

BRIEFE, S. 119 f

10. KAPITEL
ABSCHIEDSREDEN DES PROPHETEN

Abschiedsreden des Propheten

Nun war es Abend geworden.

Al-Mustapha stieg die Stufen des Tempels hinab und alle folgten ihm. Er erreichte sein Schiff und verweilte auf dem Deck.

Von dort wandte er sich noch einmal an die Menschenmenge und sprach:

„Leute von Orphalese, der Wind gebietet mir, euch zu verlassen. Ich habe es weniger eilig als der Wind, doch muss ich aufbrechen.

Wir Wanderer, die immer den einsameren Weg suchen, wir beginnen keinen Tag, an dem wir den vorausgegangenen beendet haben; und keine Morgenröte trifft uns da, wo der Sonnenuntergang uns verließ ...

Ich breche auf mit dem Wind, Leute von Orphalese; doch nicht in die Leere geht meine Reise.

Einige von euch haben mich unnahbar und in meine Einsamkeit vernarrt genannt.

Ihr sagtet: ‚Er berät sich mit den Bäumen des Waldes – nicht mit den Menschen.

Er sitzt allein auf dem Bergesgipfel und schaut auf unsere Städte hinab.'

Es ist wahr, dass ich die Berge erklomm und in fernen Gegenden wanderte.

Wie hätte ich euch sonst sehen können, wenn nicht aus großer Höhe oder weiter Ferne?

Und wie kann man wirklich nahe sein, wenn man nicht fern ist?
Einige unter euch rügten mich wortlos und sie sagten:
‚Fremder, Fremder, Liebhaber unerreichbarer Höhen, warum hältst du dich auf Bergeshöhen auf, wo Adler ihre Nester bauen?
Warum suchst du das Unerreichbare?
Komm, und sei einer von uns!
Steig herab! Stille deinen Hunger an unserem Brot, und lösche deinen Durst mit unserem Wein!‘
So sprachen sie in der Einsamkeit ihrer Seelen.
Doch wäre ihre Einsamkeit tiefer gewesen, so hätten sie gewusst, dass ich nichts anderes suchte als das Geheimnis ihrer Freuden und Leiden.
Ich jagte nur nach eurem größeren Ich, das am Himmel schwebt.

DER PROPHET, S. 925 f

Der Abend war angebrochen und Finsternis legte sich über die Stadt. In den Palästen und Häusern wurden die Lichter angezündet; die Menschen strömten in ihren neuen Festkleidern auf die Straßen ...

Ich aber wanderte allein auf einsamen Wegen, weit entfernt von der Menge und ihrem Festlärm, denn ich wollte nachdenken über denjenigen, den man heute feiert. Ich wollte nachdenken über dieses größte Genie aller Jahrhunderte ...

Als ich den Stadtpark erreicht hatte, setzte ich mich auf eine Holzbank und blickte durch die Zweige der Bäume auf die belebten Straßen. Aus der Ferne hörte ich die Lieder der feiernden Menschen, die sich im Reigen der Sorglosigkeit bewegten, auf der Suche nach Zerstreuung.

Nachdem ich etwa eine Stunde dort gesessen hatte – versunken in meinen Gedanken und Träumen –, schaute ich mich um und entdeckte neben mir einen Mann. In seiner Hand hatte er einen Stock, mit dem er eigenartige Figuren auf den Boden zeichnete.

Er ist einsam wie ich, dachte ich in meinem Inneren.

Dann sah ich ihn mir genauer an und stellte fest, dass er trotz seiner abgetragenen Kleidung und seinen langen Haaren eine würdevolle Erscheinung war ... Er wandte sich mir zu und sagte mit ruhiger Stimme: „Guten Abend!“ Ich erwiderte seinen Gruß.

Da mir die Melodie seiner Stimme gefiel, fragte ich ihn nach einer Weile: „Seid ihr fremd in dieser Stadt?“

Er entgegnete: „Ich bin ein Fremder, sowohl in dieser als auch in jeder anderen Stadt!“

Ich sagte: „An Festtagen wie diesem vergisst ein Fremder seine Einsamkeit, da er bei den Menschen an solchen Tagen auf Sympathie und Großzügigkeit stößt.“

Er antwortete: „Ich bin ein Fremder an diesem Tag und an allen anderen Tagen.“ ...

Ich fuhr fort: „An diesen Festtagen gehen die Menschen freundlicher miteinander um. Der Reiche denkt an den Armen und der Starke an den Schwachen.“

„Das Mitgefühl des Reichen mit dem Armen ist versteckte Selbstliebe“, entgegnete er, „und das Erbarmen des Starken mit dem Schwachen nährt sich aus einem Überheblichkeitsgefühl.“

„Das mag stimmen“, sagte ich, „aber was kümmert es den Armen und den Schwachen, was im Kopf des Reichen und Starken vorgeht, wenn er nur sein Brot hat.“

„Der Empfänger denkt nicht daran“, antwortete er, „aber der Gebende muss immer daran denken, und zwar gründlich.“...

Seine Worte gefielen mir, und ich betrachtete erneut seine würdige Erscheinung in dem verschlissenen Gewand.

Er erhob sich, und seine Gestalt wurde immer größer, sein Gesicht verklärte sich, und er streckte seine Arme weit aus. Da entdeckte ich in seinen Handflächen die Male von Nägeln. Ich fiel vor Ihm auf die Knie.

DIE STÜRME, S. 607

LITERATURHINWEISE

Die Seitenangaben beziehen sich auf Khalil Gibran, Sämtliche Werke in fünf Bänden, aus dem Englischen übersetzt, mit Nachwort versehen und herausgegeben von Simon Yussuf Assaf und Ursula Assaf-Nowak, Patmos Verlag, Ostfildern 2014

Band 1

Die Musik

Gebrochene Flügel

Eine Träne und ein Lächeln

Lazarus und seine Geliebte

Der Blinde

Band 2

Rebellische Geister

Der Narr

Die Stürme

Zwischen Nacht und Morgen

Beginn der Revolution

Bunte Gesichter

Band 3

Die Nymphen der Täler

Der Reigen

Erde und Seele

Sand und Schaum

Der Wanderer

Der König und der Hirte

Band 4

Der Vorbote

Der Prophet

Jesus Menschensohn

Die Götter der Erde

Der Unsichtbare

Die Rückkehr des Propheten

Band 5

Briefe

Der Sehnsucht folgen

Khalil Gibran
Erzähl uns vom Reichtum der Natur
Ausgewählt, übersetzt und eingeleitet von Ursula Assaf-Nowak
128 Seiten, 12 x 19 cm
Hardcover
durchgehend zweifarbig, mit orientalischen Ornamenten
ISBN 978-3-8436-1353-8

Tief empfunden und sehnsuchtsvoll besingt der libanesische Dichter den Reichtum der Natur in seiner Heimat, im Libanon. Die fruchtbare Erde mit ihren gepflegten Rebstöcken und mächtigen Zedern, das kühlende Wasser, die flirrende Luft: alles ist ihm ein Spiegel der wunderbaren Schöpfung. Auch der Wechsel der Jahreszeiten erquickt Menschen und Tiere und unterstreicht die Schönheit des Libanon.

PATMOS

www.verlagsgruppe-patmos.de